사람이 간다

김수환 시집

시인동네 시인선 228   김수환 시집

사람이 간다

시인동네

시인의 말

실개천에 흐르는 꽃잎 같은 사람이
머물지 않는 강물에 떠가는 정처도 없는 사람이
있다가 없어지는 구름 아래 있었다가 없어진 사람이
흐린 달 아래 본 듯한 사람이
저녁연기 같은 사람이
사람을 잃은 사람이
말을 잃은 사람이

2024년 3월
김수환

차례

시인의 말

제1부

어떤 기린 · 13

오빠가 있다 · 14

저녁은 온다 · 15

모퉁이 돌아가면 · 16

소 · 17

우후(雨後) · 18

그것이 있다 · 19

구중궁궐 용대리 가을 길에 화사하던 꽃뱀들이 · 20

몽골공원 · 21

감자꽃 · 22

당신은 없고 · 23

밀정 · 24

행여나 · 25

첩첩 · 26

미망(未忘) · 27

가는 줄도 모르고 · 28

제2부

먹다 만 토마토 · 31

걷어붙이다 · 32

얼룩말의 무늬는 반대쪽으로 달아난다 · 33

양파와 깁스 · 34

다행이다 · 35

가요무대 · 36

낮잠 · 38

보이저星 2호 · 39

공중의 계단 · 40

빈집 · 41

체위 · 42

개밥그릇 · 43

FM 91.1 MHz 뻐꾸기 소리 · 44

다리목 경전 · 45

문장이 아니었지만 · 46

제3부

벽의 질문법 · 49

릴렉스, 릴렉스 · 50

좁교 · 51

돛대도 아니 달고 · 52

새까맣게 꽉 들어찬 허공 이야기 · 53

짜라투스투라가 말했지 · 54

허공에 목을 걸고 · 55

음모 · 56

컴온, · 57

텅 빈 · 58

소록도 푸른 눈 · 60

내 서늘 지오그래픽 · 61

옥봉 세한도 · 62

슬픔의 계보 · 63

가린다는 것 · 64

까마중 · 66

제4부

공터가 많아서 · 69

감자처럼요 · 70

서부탕 · 71

뒤를 준다는 것 · 72

눈 내리는 소리를 듣다 · 73

기왕 · 74

이름표 · 76

숙란(淑蘭)이 · 77

저녁 · 78

보따리 구음 · 79

시대이발관 · 80

흑백다방 · 81

미검 · 82

못잊어 감자 · 83

수국 · 84

제5부

친근 · 87

정처 · 88

꽃과 새 · 89

강명리 마을회관 · 90

그저 · 91

악수 · 92

그때 우리는 그랬어야 했다 · 94

금문교 · 95

모르는 거라서 · 96

롸져 · 97

내 몸에 풀이 · 98

만장(輓章) · 99

무실장터 사노(私奴)는 · 100

눈빛 · 101

달밤 · 102

해설 저녁과 뒤쪽 시학, 그리움을 말하는
오랜 방식 · 103
김남호(시인·문학평론가)

제1부

어떤 기린

1

늘씬한 다리와 딴딴한 허벅지입니다

숨 가쁜 탄력입니다 오직 지금입니다

꿈에 본 세렝게티를 돌파하는 질주입니다

2

한 손에 들어오는 미끈한 목입니다

높아만 가는 생각입니다 기다란 원망입니다

오로지 한 사람입니다 무방비 그 사람입니다

오빠가 있다

새벽까지 마당에 드리우던 달빛에
혼자 타고 돌아 나오던 낡은 버스에
너무도 넓은 차창에 흰 빨래 검은 빨래에

지금은 당신이 누구냐고 묻는 오빠,
내가 누구냐 물으면 모르겠다는 오빠,
눈빛도 눈물도 영영 남의 일인 오빠가 있다

저녁은 온다

방죽에서 정물처럼 서서 되새김질하는
소들의 그림자가 동쪽으로 길게 누우면
저녁이 긴 마음처럼 스미듯 찾아들고

문설주에는 양의 피, 문 닫는 애굽인들처럼
이제 곧 햇빛 없는 시간을 맞아야 하는
구절초 눈꺼풀에서 불안한 저녁은 오고

통성기도, 호곡 같고 숭고한 의식 같은
밤을 맞는 풀벌레들의 조급함과 비장감에도
세상의 모든 저녁이 찾아와서 눕는다

저물녘은 견디기 힘들더라는 그 사람
저녁의 전조 앞에서 어떡하나 하다가
큰 눈을 깜박이다가, 일생이 저물다가

모퉁이 돌아가면

저 모퉁이 들어서면 다른 세상 있겠지
떡 안 줘도 괜찮은 호랑이와 엄니가
늑대와 빨간 모자가 사이좋게 지내는

성냥팔이 소녀가 두 볼 미어터지도록
날마다 거위 고기를 입안 가득 먹으며
밤마다 돈 자루 던지는 도깨비들 있겠지

뼈만 남은 다리 사이 축 처진 성기도 없고
그걸 잡고 오줌통을 들이대는 아들도 없고
하초를 내놓아야만 하는 아버지도 없겠지

저 모퉁이만 들어서면 다 될 것 같은데
빨간 모자는 있고 사타구니는 없을 텐데
아들도 아버지도 못 가는 저 고개 모퉁이길

소

시장에서 누런 소를 한 봉지 받아 들었다
검은 위가 찢어질 듯 위태롭게 출렁인다

고단한 그의 무게는
봉지만큼 가벼워졌다

어제는 그가 늘 빵빵하게 넣고 다녔던
초원이 콘크리트에 쏟아졌을 것이다
흥건히 바닥을 적시고 검은 장화에 짓밟혔으리

젖어 있던 큰 눈과 저 홀로 굽은 뿔과
귀에 꽂고 다니던 번호표도 버리고

어디로 가시는 건가
구절양장 그 마음

우후(雨後)

우후, 우후 죽순이
우후, 우후 솟는다

대밭에
우후, 처럼
병실에 죽순처럼

어머니 침상 바닥에
우후처럼, 쑥쑥

그것이 있다

사월의 벚꽃처럼 흩어지는 목소리에
허적허적 길 떠나는 그 마음 어디에
손톱만 자꾸 깨무는
까만 눈망울 어디에

돌이킬 듯 망설이다 내딛는 조바심에
멀어질수록 또렷해지는 발걸음 소리에
무연히 떠나는 이의
아련한 무릎에

구중궁궐 용대리 가을 길에 화사하던 꽃뱀들이

비단옷 지어 입고
꽃으로 피었습지요
허물도 벗어놓고 바닥도 기어서
이녁에 즐겁게 꺾이는 꽃이고자 했습지요

천박하기로 했지요
새 눈썹에 볼 터치에
청미래덩굴로 칭칭 감고 싶었습지요
그대로, 영영 그대로 그댈 갖고 싶었습지요

못골공원

가슴팍에 연못 하나
못 박은 못골공원

못골은 그 옛날 일
수작도 그 옛날 일

할마시,
저 영감님들도 푸른 못골 같았던

어제도 들은 이야기
왕년만 구구해도

공중화장실 거울 앞에
시간을 잡아놓고

가슴팍 깊은 연못 하나
생각해 보는 한나절

감자꽃

지난해 그 자리에 감자꽃 피었다
꼬리별 그은 그 밤 뚝뚝 떨어졌던 꽃
괜찮다 일은 무슨 일 하얗게 웃는 꽃

어젯밤엔 느 아버지 속옷 가져 오라더라
옷장 서랍 여닫는 밤 환했던 사립문 밖
감자꽃 다 떨어지면 당신께 더 가깝겠지

시간이 멈추어도 인생은 늙어서
두둥실 상여 떠난 길가 하얗게도 피었다
어머니 머릿수건처럼 새하얗게 피었다

당신은 없고

월요일이 나에게 누구냐고 묻는다

수요일이 나를 모른다고 말한다 당신은 없고 금요일이 나더러 뭐하는 사람이냐고 한다 화요일, 목요일, 토요일 모두가 내게는 일요일이라고 말한다 당신은 없고

자꾸들 그리 말하니 그런 것 같기도 하다

밑정

그런 이 하나만 있으면 좋겠네
혹 마음이 잦으면 묵상하고 수도하듯
깨알로 쓰고 또 쓰고
고치고 또 고쳐서

다시 숙명 같은 한 줄 바람이 일면
쓰고 또 쓰느라 구멍 숭숭 뚫린
숨었던 마음 하나는
건넬 수 있는 그런 이

밀약을 전하지 않아도 아는 눈길
나만 알아서 나는 웃어도 되는
그리운 밑정 하나만
있으면 좋겠네

행여나

자라가 모래톱에 알을 낳고 그 일 잊고
장강을 흘러 살다 바다에 다 이르러
어느 날 문득 궁금해진 알 찾으러 올까 봐,

저 혼자 알 깨고 나온 자라 한 마리가
장강에 이르러 흘러 흘러 살다가
어느 날 문득 궁금해진 연고를 찾아올까 봐,

당신같이 나같이 못나고 못난 것들이
장강에 저 바다에 흐르다 흐르다가
어느 날 다시 만나서 울울창창 살까 봐

첩첩

밤을 새워 만드는 사과파이에 첩첩이 있지
수십 장 종이 같은 마음을 아주 얇게
저미고 밀어 만드는 말 못할 첩첩이 있지

물 마른 진흙 첩첩 비늘도 없는 미꾸라지들이
가쁘게 서로의 몸을 휘감는 첩첩이 있고
그래도 건널 수 없는 첩첩 마음이 거기 있지

첩첩 모퉁이 돌아 첩첩의 고개가 있고
오가는 걸음 첩첩, 얼싸안는 가슴이 첩첩
우리가 함께 못하는 그 평생도 첩첩이지

미망(未忘)

산길에 흩어진 깃털 같은 것이지요
흙이 되어가는 나뭇잎들을 덮고
피다가 말라붙어버린 버섯 같은 것이고요

창밖, 달빛에 깬 빈방 같은 것이고요
담장 너머 숨어 보던 들창을 연모하여
가다간 돌아도 보는 눈썹 같은 것이지요

가는 줄도 모르고

종아리가 걸어가고 허벅지가 걸어가고
입술이 걸어오고 목덜미가 걸어오고

절반의 욕구와 절망이,
산 채로 밀려든다

손끝에 두고도 볼 수 없던 사람이여
너는 나의 미완성, 완결된 미완성

저기 저, 사람이 간다
가는 줄도 모르고

제2부

먹다 만 토마토

던져 놓으면 싹이 나고
잎이 나고 열매 맺는다

뜨건 햇볕에 빨갛게
익은 것만 그렇다고,

그녀는
못 잊었다는 말을 그렇게 했다

걷어붙이다

1
돼지 배를 갈라 김이 펄펄 솟는 내장을
닭 잡듯 뜯어내던 아랫동네 아재의
말아서 올려붙이던 팔뚝이 있었다

무논 흙이 말라붙은 걷어붙인 장딴지와
다 저녁 도랑, 치마를 말아쥔 허벅지와
하얗게 씻은 무 같은 종아리가 있었다

세상이 아늑하고 한밤이 아득하여
뒤채고 풀썩이며 잠 못 들던 밤중에
온몸을 걷어붙이던 다리들이 있었다

2
일생을 걷어붙이던 요양원의 사나이에게
재활이 불가능한 재활 침대의 저 여자에게
한밤을 걷어붙이는 구급차가 있었다

얼룩말의 무늬는 반대쪽으로 달아난다

그것은 구석처럼 아련하고 어렴풋하게
망설이다 떠나고 망설이다 돌아왔다가
다시 또 길을 떠나는 어지러운 발자국들

고요한 얼굴을 당겼다가 늦추고
줄지어 달려가고 달려오는 것들을
조각을 맞추어 보듯 붙였다가 버렸다가

그것은 사바나처럼 먼 나라 먼 이야기
줄무늬 교차로 건너 지금도 멀어져가는
그 한때 얼룩무늬를 생각하는 것이다

양파와 깁스

방심은 금물이야 집중하는 게 좋아
한 겹씩 벗겨지면 생각은 작아지거든
남몰래 흔들릴 때는 깁스를 하는 거야

어쨌든 우리 하루는 위태로운 거라서
몇 겹씩 둘둘 싸매는 게 좋을 거야
상처는 곧 아물지만 흉터는 오래 생각해

양파같이 깁스하고 양파같이 우는 거야
깁스 위에 말하고 깁스 위에 쓰는 거지
서로의 뻔한 깁스는 양해하면서 말이야

다행이다

갈게라고 쓰려다 봐서라고 고친다
아프다라고 쓰려다 괜찮다로 고친다
그런데, 써놓고 곧장 아니야로 고친다

있잖아라고 쓰려다 됐다라고 고친다
망설였다라고 쓰려다 그냥으로 고친다
너라고 쓰려다 말고 그 사람으로 고친다

가요무대

두만강처럼 오랜 가수가 옛날 노래를 한다

십자성 같은 옛 가수가 늙은 노래를 부른다

아버지, 거짓말처럼 아버지의 노래 모르는데

가요무대는 아버지의 노래를 부른다

아버지 고개 넘느라 무대 앞에 안 계시는데

나 혼자 할아버지같이 가요무대를 듣는다

삼성병원 중환자실 가요무대는 없는데

외나무다리처럼 아스라한 아버지 노래 거기 없는데

그 고개 다 넘어가면 가요무대는 없는데

아들은 아버지의 의자에 혼자 앉아

의자처럼 넋을 놓고 가요무대를 듣는다

저 고개 가물거리는 아버지를 듣는다

낮잠

입구와 출구가 따로 없는 골목길
막다른 소리들이 저 멀리 소멸해 가면
버려진 그 지점에서 길은 다시 시작된다

유리에 반사된 한 줄기 햇살처럼
끝끝내 되돌려진 마음이 있다면
한낮의 이 환한 적막이 무엇인지도 안다

쓰고 나면 부끄러운 과거가 되고 마는
기억 속 문장들이 먼지를 얹은 채
언젠가 이해될 날을 손꼽아보고 있다

보이저星 2호

  카시오피아는 죽어도 몸만 죽는 별이라지

  보이저星 2호는 사람의 정신만 죽고 몸은 사는 별이지. 보이저星 2호는 진주 이현동에서 현충일만 빼고 연중 밤 10시부터 익일 새벽 인적이 끊어질 때까지 볼 수 있는 별이지. 옥봉동 대나무집 점쟁이 왕꽃선녀님은 복채 몇 푼에 제 업을 쌓고 사는데, 저 보이지星 2호는 왠지 점괘가 잘 맞지 않는다고 하지. 밤이 오는 보이지星 2호, 닻을 거두고 치마를 올리면 막 어두워지기 시작한 생의 난민들이 보일 듯 보일 듯 보이지 않는 저 별로 항해를 떠나지. 보이지星 2호의 무대 위 무희는 절대 놓지 않을 마지막 단추를 꼭 말아쥐고, 보일 듯이 보일 듯이 끝내 보여주지를 않는데 그것이 저들의 영업비밀이라지. 저 멀리 반짝이는 보라 분홍 자주색 네온사인들, 보이지星 2호의 은하수는 빈 술병들을 이어서 긴긴 다리를 놓아도 가닿을 수가 없다지. 가닿지 못하는 몸뚱이들, 정신이 죽고 없는 저 몸뚱이들 또한 별이라지.

  까만 밤, 검은 산으로 떨어지는 그 별들이라지

공중의 계단

하얀 나비 한 마리
공중(호中) 계단 짚고 올라
무거운 왼 날개
너무 가벼운 오른 날개

온몸은
계단을 퉁기며
출렁출렁 날아간다

햇살을 발판 삼아
바람을 난간 삼아
저기 저 허허층층
있는 듯 있었던 듯

새하얀
나비 한 마리
생각을 접다가 펴다가

빈집

목욕탕, 플라스틱 팔걸이의자 앞에
팔순 아비 몸을 씻는 육순 아들 분주하다
앙상한 생의 저녁에 멈칫대는 저 손길

황소바람 숭숭 뚫는 해지고 닳은 남루
굽은 기둥 서까래들, 힘 부치는 오두막
까무룩 잠기는 어둠 몇 겹이나 깊어졌나

뉘신지 참 고맙소만, 고물거리는 검은 입
아닙니다, 아녜요 잠기고 마는 아버지
이 빈집, 불 다 꺼져도 제게는 꽃대궐입니다

체위

욕되게 하지 말라 양쪽을 번갈아

오른쪽으로 30도, 왼쪽으로 또 그만큼
두 시간 넘기지 말 것
한 호흡이 두 시간

왼쪽으로 90도,
세찬 비명 터진다
창문이 흔들리고 세상이 요동치고

숙련된 간병인들이 자꾸 바꾸는 체위가 있었다

개밥그릇

날름거리던 혀도 없고
희번덕대던 눈도 없다
뜯어먹을 듯 덤비던 허기도 없어지고
녀석을 옭아맸었던
목줄도 이제 없다

"좋은 데 가거래이"
기름진 그 아침밥
자꾸만 목에 걸려 먹다 남긴 밥그릇이
시커먼 적막 한 채를
저 혼자 지키고 있다

세상은 녀석에게
하나의 큰 밥그릇
채우면 채워지는 대로 싹싹 비워내던
잇자국 날카롭게 찍힌
세상이 덩그렇다

FM 91.1 MHz 뻐꾸기 소리

한겨울
적막을 쪼는
날렵한 부리 하나

명치 끝
그렁그렁 젖었다가 마르던

돌아갈
몸 이제 없는
저 푸른 목소리

다리목 경전

다리목 서점에 가면 저무는 책들 있다
서점에 들어서면 빼곡한 반가사유들
심각도 우수도 없이 선정에 들어 있다

경전을 주신으로 섬기는 인도 종교처럼
어쩌지도 못하고 좌정한 교주처럼
창가 옆 고요한 자리 오십 줄 이른 여자

책의 푸른 행간에 밑줄을 치면서
가슴에도 붉은 밑줄을 긋던 여자
오늘도 헌 여자 헌 경전 읽으려 서점엘 간다

문장이 아니었지만

사랑이 아니라고 했던 때가 있었다

담장 밑 해바라기가 해바라기를 넘볼 때,
즐거운 일탈이었지만 일탈이 아닌 날도 있었다

구름은 액자보다 못한 때도 있었다

울음 같은 기타는 기타가 아니었고
그런 날 투항의 편지는 편지가 아니었다

나와 너는 넘치고 목적어가 없는
수줍고 어설픈 손짓 같은 말들은

문장이 아니었지만
문장이었다 나만 아는

제3부

벽의 질문법

그것이 희망이 아니라는 걸 알면서도
가슴에 돋는 뿌리들을 주체하지 못하고
움켜쥔 집착만으로
세상을 오르려 했다

가닿을 수 없었던 수직의 시간들
집착만 꽉 움켜쥐고 빈 손짓임을 알지만
온몸을 던져 넣고서
벽을 타던 때가 있었다

걸음마다 마디마디 맺히고 맺힌 속말들
차갑고 위태로운 말들을 끌어안고
어디쯤 가고 있을까
가파른 그 시절은

릴렉스, 릴렉스

노릇하게 통째 구운 작은 조기 한 마리
먹기 좋은 등과 꼬리 하얗게 발라 먹고
젓가락, 배를 쑤신다
먹을 게 더 없나

빨간 새우 한 마리 뱃속에 도사린다
자기가 이 조기를 잡은 줄 아는지
수염도 빳빳이 서고
집게발도 시퍼렇다

굳어 오는 관절들과 깜깜해지는 시야
뜨악한 두려움에 곤추세웠을 온 신경들
릴렉스, 그만하면 됐다
쿡, 쿡 릴렉스

좁교*

고지대 난폭한 품종의 사내들과
물소같이 온순한 여자들을 합방시켜
네팔의 산악지대를 굽어살피는 종교가 있지

히말라야 낮은 데나 높은 곳을 향하여
무거운 짐만 나르다가 끝나는 신자들은
전생의 업보 때문에 좁교 교도가 된다지

우직한 아비와 때 없이 순한 어미는
후손을 못 가지는 좁교도들을 위하여
오늘도 합방한다지 은총처럼, 업보처럼

---

*물소 암컷과 야크 수컷 사이에서 태어난 동물. 히말라야 고지대에서 후세도 남기지 못한 채 평생 짐만 나른다.

돛대도 아니 달고

달 있는데 어둠 온다
환한 달밤, 어둠 오는데

저 검은 것들의 혓바닥, 검은 구멍의 우글우글한 생각들, 한 번만 안아보면 안 되겠니, 한 번만 안아주면 안 되겠어? 두 팔을 활짝 펴고 짓쳐 달려드는 밤이 있다 해독이 불가능한 말, 알아들을까 겁나는 말들이 귓속으로 팔뚝을 쑤욱 찔러 넣는 밤이 있다 오줌을 지리는 밤이 있다 줄줄 새는 밤이 있다 부글부글 끓어 넘치는 밤이 있다 증발하는 밤이 있다 사라지는 밤이 있다 사람이 가고 지상의 꽃들은 컹컹 짖고, 눈이 동그란 새들은 다시 오래도록 깜깜해지는 밤,

엉기고 헝클어지며 떠가는 밤이 있다

새까맣게 꽉 들어찬 허공 이야기

다 받을 수 없어서,
안 될 것 같아서

그걸 다 안고서는
못살 것 같아서

하늘을 버리고 행복한
가마우지가 있었다

짜라투스투라가 말했지

짜라투스투라가 말했지
불 꺼라 냄비 다 탄다

짜라투스투라가 말했지
밥 뭇다 정구지 비비서

느 애비 다른 여자와 있어
짜라투스투라가 말했지

짜라투스투라가 말했지
제발 콜라 한 모금만

이 미친 것들 나를 죽이네
중환자실 엄마가 말했지

단디이, 단디이 가라
짜라투스투라가 말했지

허공에 목을 걸고

잡풀도 하나 없이 정돈된 파란 잔디밭
노란 꽃들 한 뼘 위 공중에 떠 있다
꽃대는 보이지 않고
환영처럼 떠 있다

저 꽃, 자기 목을 허공에 걸고서
안간힘 팽팽하게 하늘을 잡아당긴다
눈자위 또 붉게 젖는
어제처럼 긴 하루

그렁그렁 밤낮 가고 깨알 같은 씨 맺히면
다 왔구나 이 먼 길, 목을 툭 꺾는다
일평생 나를 떠받쳤던
어머니 그 주름진 목

음모

오랫동안 고장 났던 화장실 등을 고친다
먹고 버리는 일 어두워 편할 때가 있다
누군가 인간적이라면 적당히 어둡다는 말

등이 없는 화장실 정물처럼 앉아서
문틈으로 들어오는 빛줄기를 본다
어둠에 길든 자에게 건네는 빛,
그 긴 손가락

등을 켜니 희망은 황급히 밀려나고
하얗게 질린 바닥에 까맣고 꼬불꼬불한
내 생에 드리운 음모 몇 가닥
'불 들어갑니다.'

컴온,

이제는 달려와도 된다는 말이다
그래 한번 제대로 덤벼보라는 말이다
모든 걸 다 걸어놓고 붙어보자는 말이다

티베트, 천장(天葬)을 위해 시신을 벗기는데
하얗게 드러나는 눈부신 허벅지와
탄탄한 엉덩이가 그랬다
시퍼런 하늘이다

텅 빈

여자가 비고 나면 무엇이 남게 되나

착한 허벅지였던 앙상이 남게 되나

그 생애 처음 가져보는 특, 대형이 남나

텅텅 빈 자리에 꽉 차는 옛날만 남나

옛날도 텅텅 빈 자리에는 무엇이 남나

그래도 그만하기 다행인 일들만 남게 되나

눈물도 안 남은 여자에게는 무엇이 남나

붉었던 그 한때 빈 자리만 남게 되나

텅 비어 바닥도 없고 끝도 없는 설움만 남나

무슨 일이 일어나도 하나도 이상하지 않은,

내일 같잖은 내일이 오늘처럼 남게 되나

무연히 혼자서 가는 그 먼 길만 남나

소록도 푸른 눈

전남 고흥 외딴섬 외딴 목숨 소록도
신조차 버린 이들 해풍에 흔들리다
등 굽은 소나무 가지 목을 매던 사람들

까맣게 닫혀가는 그 눈빛 외면 못해
푸른 눈 금발머리 서역 만리 성모 가슴
지도도 모르는 이 땅 한걸음에 달려와서

낯선 나라 세 평 방에 유폐한 한평생
발가락 주워 들고 손가락 떼어내고
기어이 죽은 목숨들 입던 옷 고쳐 입다가

고통으로 통하고 희망으로 절망했던
40여 년 세월 가고 내 몸이 그 짐 될까
손편지, 다 해진 가방 흔적 없이 떠난 사람

내 서늘 지오그래픽

사슴 같기도 하고 순록 같기도 하고
가느다란 네 다리, 하프 모양 뿔을 가진
가젤은 몽골 초원의 야생동물이라 하는데
시속 70킬로미터 달려 잡기도 어렵고
몰이꾼들을 내세워 가두기라도 하면
번식도 하지 않고 심장이 터진다지
어린 새끼 거두어 염소, 양젖을 먹여도
꼭 3개월이 지나면 야생인 줄 어찌 알고
우리를 나가버리는 천생이 집시 같은 그들

먼 데 보는 눈망울만 오래도록 남아 있는
그리 떠나보낸 이가 내게도 있었는지
빈 우리, 화면 꽉 차는 내 서늘 지오그래픽

옥봉 세한도

동네 점집 댓잎 끝에 새초롬한 간밤 눈
먼발치 새 발자국 저 혼자 샛길 가고
귀 닳은 화판 펼치고
바람이 먹을 간다

전봇대 현수막보다 더 휘는 고갯길을
리어카 끌고 가는 백발의 노송 한 그루
수묵의 흐린 아침을
갈필로 감고 간다

맨발의 운필로는 못다 그릴 겨운 노역
하얀 눈 위에서도 목이 마른 저 여백
누대를 헐고 기워도
앉은뱅이꽃 옥봉동

슬픔의 계보

양에게 복무하는 양치기였다가, 양이었다가
고독한 양치기의 풀피리 소리였다가
모이고 흩어지다가 먼 길 가는 구름 같은

문득, 질문 같은 바람이 일었다가
어딘지도 모른 채 흘러가는 강가에,
그 사람 가고 난 길에 첩첩 부는 편서풍 같은

생각 하나로 대서양과 다른 경계를 오가는
검은제비갈매기의 좁은 어깨와 빛나는 날개와
학습도 하지 않아도 다 알고 마는 내력 같은

가린다는 것

촉석사거리 미소약국 계단 앞에 한 여자
손으로 얼굴 가리고
미동조차 않는다
쓰다 만
노을 한 구절
원망처럼 걸어두고

가녀린 손가락과
저 굽은 손바닥으로
아무리 가려도 숨길 수 없는 생의 자국
가다 만
굽이 굽이가
땅거미로 지워진다

다섯 시,
하루가 이미 결판이 난 시간
남강의 물결은 저리도 요동치는데
도시의

사구로 밀려
좌초한 피사체 하나

까마중

은애라고 하셨는지요
지나는 춘정이었는지요

그만해도 소녀는
다감한
그대 뜨락

소나기 그친
장독대
검은 눈망울입니다

제4부

공터가 많아서

내가 열지 않으면 내내 닫힌 방들처럼
아무도 여닫지 않는 녹슨 손잡이처럼
자신도 가구가 돼가는 저 늙은 여자처럼

인적이 끊긴 골목 가로등 불빛처럼
어쩌지 못해 한 곳만 응시하는 마음처럼
등 뒤에 보이지 않는 시선처럼 그 공허처럼

악수하고 돌아서는 손에 남는 외로움처럼
사람도 사람에게 한때라는 생각처럼
나 역시 그럴 수밖에 없었다는 확인처럼

감자처럼요

남모르게 표정과 마음을 만들었다가
한낮에 숨었다가 쏟아지는 별들처럼
홀연히 나타났다가 다시 숨은 당신처럼

감자는 숨어 있어요 왜 숨었는지 몰라요
숨어 있는 것들이 세상에는 참 많아요
당신도 숨어 있다가 다시 나온 거였나요

영영 숨는다는 건 영영 못 잊는다는 거
나도 숨고 싶을 때가 많아요 감자처럼요
알알이 당신 같은 감자, 영영 맺으면서요

서부탕

문을 밀면 온몸으로 쏟아지는 눈빛들
아랫배에 힘주지만 별반 달라지지 않는다
불룩한 저 둘레만큼 나는 너무 멀리 왔을까

무수한 습관성 반성은 언제나 무효할 뿐
흐린 저 전등처럼, 식어갈 온수처럼
열탕에 반쯤 잠기고 남은 생은 쓸쓸하다

맞은편 반신욕 노인의 처진 성기
그동안 감당해야 했던 저 본능의 무게가
이제는 편안해졌는지 참방참방 시소를 탄다

뒤를 준다는 것

못 이기는 척 슬쩍 등을 내주는 것은
등으로 누군가를 안고 싶은 사람은
빈 벌판,
배경도 없이
혼자였던 사람이다

부끄러운 가슴 대신 등을 내주는 것은
한 번쯤 눈 질끈 감고 뛰어내리고픈 사람은
이만큼,
이만큼이면
내려놔도 되는 사람이다

이제 더 재보지 않고 뒤를 준다는 것은
차마 견디지 못하고 항복하는 사람은
등의 말,
읽어줄 이가
그리운 사람이다

눈 내리는 소리를 듣다

남의 몸을 잠시 빌려
내게로 오는 소리

한 번쯤
돌아볼 수도 있었다는 소리

밤새워
듣고 또 듣는
녹음테이프의 소리

기왕

기왕이라는 왕 있었지
슬픈 왕이 있었지

이래도 저래도 슬플 뿐인 거였다면
그 세월 나랑 기쁘고 나하고 슬프지

어차피 빈 배로 갈 거 같았으면
먼지같이 가볍게 그늘같이 숨어 있을

나 태워, 없는 듯 가지 나를 좀 데려가지

한겨울 마음만 남아 눕지도 못하는
마른 풀처럼 외로울 거면 나하고 외롭지

곧 녹을 숫눈과 같이 사랑할 거면 나랑 하지

그도 저도 아니면 징표라도 주고 가지
아무 날 꺼내 볼 눈길 하나 주고나 가지

나와는 멀고 먼 폭군
기왕이라는 왕이 있었지

이름표

1

李箱을 이氏!라고 부르면 대답했을까

이상해 보여서 이상적이었던 이상은 제가 버린 김해경의 모습을 한 번이라도 제대로 보기는 했을까 그가 두지도 거두지도 않았던 이상의 여자는 이상에게서 버림받은 김해경을 거들떠보기는 했을까 그가 소년처럼 의지했고 칭얼댔던 김해경의 여자는 김해경을 버린 이상에게 무슨 관심이 있었을까 이상에게 버림받은 이름, 김해경의 하고많은 절망 끝에서

    이상의 고독한 이상은 마침내 달성되었나

2

출근길, 30대 남자가 엄마 손 꼭 잡고 있다
그의 가슴에 달린
손수건만 한 이름표가
쉼 없이 침을 흘리며 노란 버스를 기다린다

숙란(淑蘭)이

멍하니 하늘 보고 되새김질하는 염소 같았지요
뒷다리에 힘을 주고 모가지에 힘을 주고
자꾸만 죄 없는 허공을 쥐어박는 염소 같았지요

거세게 잡아당기는 고삐에 목을 매달고
기를 쓰고 뻗대다가 나동그라지는 염소 같았지요
고삐의 손아귀에서 캑캑거리는 염소 같았지요

다시 분기탱천, 빈 들판을 쏘아보는
염소의 충혈 된 두 눈망울 같았지요
염소의 눈에 담기는 푸르디푸른 하늘 같았지요

꿈처럼 나부끼는 염소 등의 털 같았지요
저 하염없음에 항복하고 만 염소의 뿔 같았지요
마음만 찧고 뱉어 또 찧는 검은 염소 같았지요

저녁

돌아봤다
없다

돌아봤다
없다

바람이
지나가고

땅거미
내려오고

어두운
바람과 나만 있는

그런
세상이 있었다

보따리 구음

밤중에 소변 마려워 마당에 나왔다가

도망간 여자 구음 같은 괴상한 바람 소리를

한밤 내 문 꽁꽁 닫고 듣는 밤이 있었지

시대이발관

누구나 시대는 있지 이름처럼 주민번호처럼
모르고 지나거나 별것도 없어 보이거나
어쩌다 빛나는 시대는 야속하게 가버리거나

시대가 앉았다가 시대가 일어서는
하동 횡천 청학동 길목의 시대이발관
시대가 시대의 머리를 깎다가 시대가 가고

시대가 가는 줄은 몰라도 아무 일 없고
시대의 면도날에 목울대를 내놓아도
내일이 오늘과 같이 무심히 오가는 시대이발관

흑백다방

진해 대천 2번지, 섬 하나 떠 있었네
늦사월 창문 밖에는 꽃 시절 한창인데
찻잔을 놓는 그 손가락 희고도 길었네

속눈썹을 길러서 마음을 지운 당신
흑백의 거리는 멀고도 단호해서
단조의 피아노 소리만 침묵을 밟아 가고

또각또각 낮은 음계로 구두가 사라질 때
붉었던 우리 입술 끝도 없이 져 내리고
화병의 검은 속처럼 나는 여태 비어 있네

미검

아버지, 바지를 입은 채 똥을 쌌어요
뼈만 남은 엉덩이, 샐쭉샐쭉 걸을 때마다
온몸에 지린 똥 냄새 진동을 하는데
장남의 빨간 지프에도 엘리베이터에도
배달의 민족같이 냄새 퍼뜨린 아버지,
요행히 우리 아버지 냄새도 안 나나 봐요
사타구니에도 엉덩이에도 불룩한 게 이상해서
주물주물 만져봐도 뭔지 모르는 아버지
손가락 사이사이에 덕지덕지 아버지
철벅철벅 아버지 하루에도 몇 번씩
바지에 사타구니에 선 채로 똥을 싸고
한갓진 미검으로 여기는 미검 같은 아버지

못잊어 감자

중앙시장 대운상회 야채가게 박스 더미
황톳빛 감자 상자에 붉게 쓴 '못잊어 감자'
그 맛을 못 잊는 건지
그 사람 못 잊는 건지

구슬땀 한낮에도 하늘에 별 총총하다
감자꽃 진 자리에 망초꽃이 또 지고
때 없이 지는 별똥별
모아 담은 '못잊어 감자'

실패한 청춘도 헛웃는 그 이름도
가슴 강, 차돌멩이로 잊은 듯 가라앉혀
알알이 새겨 견디는
못 잊어 더 잘 견디는

수국

만나지 말자

돌담 너머 수많은 다짐처럼
한 무더기 수국이 수북하게 피었다
수국 옆, 다시 수국이 불면처럼 피었다

마릴린 먼로는 마릴린 먼로로
영숙이는 영숙이로
피었다가
진다

그 옛길, 그 사람처럼
수북한 다짐이 진다

제5부

친근

내가 네 곁을 떠나 있게 되면 어쩌지

예정대로 프루스트 엄마가 죽었고
오, 롤랑 나만의 롤랑,
바르트 엄마도 죽었다

괜찮다 괜찮다 카던, 울 엄마도 죽었다

나는 비로소 프루스트와 롤랑 바르트를,
두텁고 난해한 그들이
한없이 친근해졌나

정처

새는 어디에 머무나 일생을 가기만 하나
돌멩이처럼 다 내려놓는 어느 곳이 있나

머무는 정처가 있나
가는 정처가 있나

돌멩이는 어디로 가나 일생을 멈추기만 하나
새처럼 저 혼자 죽으러 가는 먼 곳이 있나

머무는 정처가 있나
가야 하는 정처가 있나

새처럼, 돌멩이처럼 생각하지 않아도
나 여기는 아니네 있는지도 모르겠네

정처는 쉬지도 않고
어디로 가시는데

꽃과 새

새를 기다린다 하늘 아직 시린 봄날

실핏줄 가느다란 햇빛을 따라서
초록빛 연한 발목으로 내려오는 새들

하얀 새 노란 새 분홍 스카프 감은 새

꽃인가 하면 새가 되고
새인가 하면 꽃이 되는

한 열흘 눈만 부시다 떠나는 저 새들

공중으로 날아간 새
뒷모습만 남은 새

다시는 오지 않을 새들을 나는 안다
가슴에 발자국 깊은 나무를 나는 안다

강명리 마을회관

그 회관에는 아버지, 엄마였던 사람들과
현역 할머니들과 말년 할아버지들이 있지
싸잡아 노인들이라고, 폼 잡아 어르신들이라고 하지
개미허리와 빵빵한 욕구는 없어도
꺾이고 꺾이던 허리도 이제 지우고
특대형 성인용 속옷으로 늦은 몸매를 가꾸지
강명리 회관은 현충일에는 문을 열고
설, 추석은 쉬는 날인데 꼭 한둘은 입장하지
그날은 음악도 없는 아주 이상한 날이라지

그저

십이월 저물녘의 실개천 물새들이
물새를 따라서 어둠으로 날아가듯
그들을 종일 기다리는 빈집이 있듯이

물새가 앉았던 생각에 살얼음 얼고
살얼음 아래에서 불 끄고 잠에 드는
물고기 순한 눈처럼 그저 잘 지내시기를

악수

언제 나온 거니, 언제 도착한 거니

알잖아
아무도 도착하지 못한다는 거

그냥 뭐, 도착했다고
말하는 법이야

반가운 얼굴이야 내 얼굴에 동의하는,
내 의심을 잠시 의심하게 만드는,

한사코
모자람의 성분을 나눠 갖는 우리들

아득히 먼저 가고
까맣게 뒤처져 가는
끝내 이르지 못할
그 발작의 거리에서

우리는
악수만으로,

사는 일은 여여하니

그때 우리는 그랬어야 했다

이것밖에 돈벌이가 없는
사냥꾼의
갈고리처럼

그걸 받는
남극 물개의 털도 없는
머리통처럼

쿠울렁,
하얀 얼음에 쏟아지는
악다구니들처럼

금문교

배고픈 우리 누나 용산기지 흘러가서
양공주 속곳 빨다 미용 기술 배워서
어쩌다 미군 꿰차고 미국으로 흘러가서

미용사 우리 누나 그 미군도 떠나가고
머물 곳 갈 곳도 없어 강 따라 흘러가서
금문교 붉은 난간 끝 한참 동안 서성이다

샌프란시스코 푸른 물결 지금도 푸른 물결
수없이 망설였을 우리 누나 흘러가서
얼굴도 모르는 누나 푸른 안개 우리 누나

모르는 거라서

심야버스는 구절양장 심야로만 다니고
'생'은 양아치에만 붙어서 다니고
그녀의 생양아치는 뒷골목만 다닌다지요

어제 이른 종점은 종점을 모르고
가다가 돌아보고 가다가 다시 가고

그녀는 모르는 일이라
한사코 모르는 일이라

롸져

너무 뜨겁고 차가운 열대성 저기압
허리가 부러져 한쪽으로만 꺾이고
맹렬히 쫓아가려고 큰 눈 하나 남겼다

팔다리 다 버리고 몸뚱이만 남겼다
목 꺾인 짐승처럼 시간을 되감으며
황급히 달려가지만 소문만 잡힐 뿐

득달같이 달려들 때를 놓쳤다
매달리고 사정할 때를 놓쳐버렸다

그 옛날
서해상으로 소멸해 간
큰 새 하나

내 몸에 풀이

콘크리트 축대에 떨어진 풀씨 하나

바늘 같은 틈으로 들어오는 햇살을
힘겹게 끌어당겨서
키를 재고 또 잰다

빗물이 벽을 타며 쓸어 놓은 흙먼지
시린 발목까지 채 덮지도 못하고

간신히 끌어안고 선 저 집요한 벼랑

구멍이 숭숭 뚫린 성긴 그물 같은
내 생애 어느 때,
그 절벽 어디쯤에

무성한
풀 더미 하나 시퍼렇게 솟고 있다

만장(輓章)

흰 구름 떠가는 푸른 하늘 그 아래

장대에 전정 가위를 동여맨 사내가
대문 앞 매화나무에 가지치기를 한다

뚝뚝, 지난 한철이 잘려나갈 때마다
봄에 떠난 꽃잎들 우우 되돌아온다

휘어진 장대 끝으로
소용돌이치는 나비 물결

흰 구름 흰 나비 떼 저 하얀 만장들

문득, 아득히 푸른 하늘 그 어디쯤
먼 데서 나를 향하는 긴긴 장대 하나

무실장터 사노(私奴)는

사노는 2월 새벽 한 바가지 찬물 물고
때 절은 댕기머리, 손 한 번 쓰다듬고
애비로 다시 올 테니 조금만 더 자거라

산에서는 나무꾼 들에선 농투산이
도결이니 붕당이니 그런 거 모르지만
몸으로 목숨 지키는 그 길밖에 길이 없어

봉두난발 추슬러 흰 두건 불끈 지르고
괭이로 돌멩이로 동헌 문짝 부쉈건만
갓걸이 습한 응달엔 빛 한 줄 들지 않고

하늘이 눈 감아도 용서 못할 빚이 있다
으아리 강아지풀 덧없는 애비 숨결
잊자고 바람이 자고, 잊진 말아라 바람이 인다

---

*무실장터: 진주시 수곡면의 옛 장터. 1826년 오일장 날 진주농민항쟁이 일어나 후일 동학혁명의 단초가 됨.

눈빛

손 없는 날
구름 없고
당신도 없는 날

눈에 흙 들어간다

이제 그만
용서하세요

칠흑 속

새하얀 얼굴
깊고 깊은 구멍 두 개

달밤

어머니 가는 길 유등 같은 달이오

사람이 메고 가는 상여 같은 달이오

상여 간 길을 따르는 외짝버선 달이오

버선이 넘자 하던 언덕 같은 달이오

언덕을 넘어가는 절름발이 달이오

칠흑이 칠흑으로 밝던 그날의 그 달이오

해설

저녁과 뒤쪽 시학, 그리움을 말하는 오랜 방식

김남호(시인·문학평론가)

1.

김수환의 시를 떠받치고 있는 두 개의 기둥은 그리움과 아픔이다. 이 두 기둥은 시조라는 전통의 형식으로 주춧돌을 삼고, 시인의 DNA에 각인된 리듬으로 칸을 짓는다. 지붕은 "줄줄 새는 밤"(「돛대도 아니 달고」)으로 엮어서 이었다. 이렇게 세운 그의 집은 '저녁'이라는 '시간성'이 측면을 비추고, '뒤쪽'이라는 '방향성'이 후광으로 받치면서 윤곽이 드러나긴 하지만 흐릿하다. 이 흐릿함으로 인해 그의 시는 모호하지만, 화선지 위에 떨어뜨린 먹물처럼 한없이 번져나가는 여운이 있다. 그래서 그의 시는 실제보다 훨씬 멀리 보이는 볼록거울의 효과를 거둔다. 그의 좋은 시편들에서 종종 느끼게 되는 막막함이나 아득함은 바로 이 효과에서 기인한다.

   시조라는 형식과 그리움이라는 정서의 결합은 낯설지 않다. 시조라는 형식과 아픔이라는 정서의 결합 역시 그러하다. 이런 익숙함 탓에 시조는 고리타분한 장르라는 오랜 혐의에 시달리고 있는 것도 사실이다. 시인은 이런 완고한 혐의에서 벗어나기 위해 안간힘을 쓰고 있다. 그 안간힘의 한 모습이 모호함에서 오는 모던함이다. 물론 시집 전체를 관통하는 지배적인 방법론은 아니겠지만, 그의 주특기임에는 틀림없다. 그리고 또 다른 주특기는 탄탄한 구성력에서 오는 문학적 완결성이다. 둘을 묶어서 말한다면 '모호한 완결성'이라는 형용모순이 되겠지만, 주지하다시피 문학의 힘은 종종 모순에서 오지 않던가.

   방죽에서 정물처럼 서서 되새김질하는
   소들의 그림자가 동쪽으로 길게 누우면
   저녁이 긴 마음처럼 스미듯 찾아들고

   문설주에는 양의 피, 문 닫는 애굽인들처럼
   이제 곧 햇빛 없는 시간을 맞아야 하는
   구절초 눈꺼풀에서 불안한 저녁은 오고

   통성기도, 호곡 같고 숭고한 의식 같은

밤을 맞는 풀벌레들의 조급함과 비장감에도
세상의 모든 저녁이 찾아와서 눕는다

저물녘은 견디기 힘들더라는 그 사람
저녁의 전조 앞에서 어떡하나 하다가
큰 눈을 깜박이다가, 일생이 저물다가
─「저녁은 온다」 전문

인용 시는 사랑과 휴식이 기다리는 '낭만적인 저녁'의 모습과는 사뭇 다르다. '저녁은 온다'는 제목부터 긴장감을 준다. '저녁이 온다'와 '저녁은 온다'는 뉘앙스가 전혀 다르다. 전자가 기다리는 것이 마침내 온다는 느낌이라면 후자는 피하고 싶은 것이 기어이 오고야 만다는 느낌이다. 이 시는 불안과 공포가 기다리는 저녁의 분위기를 묵시록적으로 그려내고 있다. 전체 4연으로 짜인 전형적인 기-승-전-결 구조이다.

1연은 평화로운 분위기인데도 어쩐지 불안하다. "되새김질하는/소들의 그림자가 동쪽으로 길게 누"워 있지만, "저녁이 긴 마음처럼 스미듯 찾아"든다. 여기서 '긴 마음'을 '느긋한 마음'으로 읽을 수 없는 것은 뒤쫓아 오는 2연 때문이다. 2연에서는 불안이 서서히 피어오른다. "문설주에는 양의 피"를 바르고 "문 닫는 애굽인들"처럼 "불안한 저녁은" 기어이 오고 있다. 그리고 3연, 격렬한 "통성기도" 끝의 "호곡"처럼 들려오는

"풀벌레들"의 조급하고 비장한 울음소리에도 불구하고 "세상의 모든 저녁이 찾아와서 눕는다". 그리고 4연, 지금까지 몰아온 불안과 초조는 "저물녘은 견디기 힘들더라는 그 사람"에게 가닿는다. "어떡하나" 초조해하다가, 체념한 듯 "큰 눈을 깜박이다가", "일생이 저물"고 만 그 사람에게.

  그런데 이 시를 다 읽고 나면 드는 의문. 도대체 '그 사람은 누구지?', '뭐 때문에 평생 동안 저물녘을 힘들어하지?' 이런 의문형을 만드는 것이 바로 김수환 시의 모호함이고 모던함이다. 그리고 김수환이 '그리움'을 말하는 방식이다. 얼마나 그리움으로 힘들었으면 저물녘이 올 때마다 초조하고, 밤을 지새울 걱정에 "구절초 눈꺼풀"처럼 불안해하는가? 하지만 '그 사람'에 대한 어떠한 정보도, '그 사람'이 관련된 어떠한 서사도 생략된 채 저녁을 맞는 정황만 묘사돼 있다. 생략된 부분을 채우는 것은 독자들의 호기심과 상상력이다.

  어떤 낌새만으로 독자의 상상력에 불을 지피는 능력은 좋은 시인의 자질이다. 이런 자질에 힘입어 그리움이라는 가장 친밀한 정서를 모호하고 묵시록적인 분위기에 담아 아주 낯설게 만듦으로써 낭만적이면서도 그로테스크한 긴장감을 획득한다. 이를 통해 시조에 대한 편견과 오해를 극복하고, 자칫 시를 느슨하게 만들 수도 있는 감상성(感傷性)을 지그시 눌러 문학성을 높인다. '모호한 완결성'이란 이런 것이다.

2.

여기서 더 밀고 나가면 시는 두 가지 경우로 나뉜다. 하나는 이야기 시에 가까운 극적 상황이 드러나면서 구체성을 얻어 시가 단단히 묶이게 되는 경우이고, 다른 하나는 해체시처럼 의미를 지우고 리듬만 살아남아 풀어지면서 비워지는 경우이다. 먼저 '단단히 묶기'로 문학성을 획득하는 전자의 경우부터 살펴보자.

> 촉석사거리 미소약국 계단 앞에 한 여자
> 손으로 얼굴 가리고
> 미동조차 않는다
> 쓰다 만
> 노을 한 구절
> 원망처럼 걸어두고
>
> 가녀린 손가락과
> 저 굽은 손바닥으로
> 아무리 가려도 숨길 수 없는 생의 자국
> 가다 만
> 굽이 굽이가
> 땅거미로 지워진다

다섯 시,

하루가 이미 결판이 난 시간

남강의 물결은 저리도 요동치는데

도시의

사구로 밀려

좌초한 피사체 하나

　　　　　　　　　　—「가린다는 것」 전문

"촉석사거리", "미소약국 계단 앞"이라는 구체적인 장소와 "하루해가 이미 결판이 난" "다섯 시"라는 구체적인 시간, "가녀린 손가락"과 "굽은 손바닥"으로 얼굴 가리고 있는 구체적인 인물이 만들어내는 장면은 매우 극적(劇的)인 이미지다. "아무리 가려도 숨길 수 없는 생의 자국"은 거칠고, "이미 결판이 난" 하루는 절망적이고, 이러지도 저러지도 못하는 "여자"는 "쓰다 만/노을 한 구절"을 "원망처럼 걸어두고" "도시의/사구로 밀려/좌초"한 채 서 있다. 이런 구체적인 장소와 시간과 인물이 등장함에도 불구하고 시는 여전히 모호하다.

손으로 얼굴을 가리고 복잡한 속내를 숨기려 하지만 "가녀린 손가락"과 "굽은 손바닥"이 먼저 말하고 있는 탓에 이 은폐의 몸짓은 숨기고자 하는 것을 더욱 드러나게 할 뿐이다. 이 시는 "가린다는 것"의 불가능성을 드러내면서 시의 비극성을 더욱 고조시킨다. 가림으로써 드러나게 하고, 말하지 않음으로써 말하는 기법은 단순한 시작의 기교가 아니다. 시인이 세상을 읽는 방식이자 세계를 비의를 말하는 방식이다. 물론 이 방식은 '단단히 묶기'와 '풀어 비우기' 사이의 긴장을 핵심으로 하는 시조의 본령에 충실한 그의 스타일이라고 봐도 무방하다.

 하지만 단시조나 연시조의 형식은 '단단히 묶기'에는 용이하지만, '풀어 비우기'에는 적합하지 않을 수 있다. 초장에서 내지르듯이 발원하여 중장에서 깊어지고 종장에서 비틀며 매조지는 평시조의 형식으로는 감당할 수 없는 정서(情緖)나 정조(情調)가 있다. 새로운 감각이나 사유를 담기 위해서는 변화된 형식이 동원될 수밖에 없다. 이때 맞춤한 형식이 사설시조이다. 새로운 문학의 대안으로 시조를 내세울 때 사설시조가 반드시 거론되는 데는 그만한 이유가 있는 것이다.

> "'새로운 세계문학'으로서 시조를 재쟁점화하는 데 사설시조의 갱신이 미치는 여파는 결코 작지 않습니다. 자유시와 다른 차원의 근대 시문학으로서 시조가 (탈)근대 세계의 복잡한 삶에 대한 서정의 감응력을 표현하기 위해 사설시조의 갱신은 매우 요긴한 과제가 아닐 수 없기 때문입니다. (중략) 사설시조의 양식적 개방성을 근간으로 한 '말부림'의 자연스러움은 사설시조의 장르적 속성을 궁리하

는 데 머물지 않고 사설시조의 갱신의 현재화(顯在化)로 나타나고 있다는 것을 주목해야 합니다."(고명철, 「'새로운 세계문학'으로서 시조의 분투」)

이처럼 "자유시와 다른 차원"에서 "복잡한 삶에 대한 서정의 감응력을 표현하기 위해" 사설시조는 요긴하다. 다음은 사설시조의 넉넉한 '말부림'을 통해 리듬(음악성)은 살리고 의미는 지우는 '풀어 비우기'로 문학성을 획득하는 후자의 경우이다.

    달 있는데 어둠 온다
    환한 달밤, 어둠 오는데

    저 검은 것들의 혓바닥, 검은 구멍의 우글우글한 생각들, 한 번만 안아보면 안 되겠니, 한 번만 안아주면 안 되겠어? 두 팔을 활짝 펴고 짖쳐 달려드는 밤이 있다 해독이 불가능한 말, 알아들을까 겁나는 말들이 귓속으로 팔뚝을 쑤욱 찔러 넣는 밤이 있다 오줌을 지리는 밤이 있다 줄줄 새는 밤이 있다 부글부글 끓어 넘치는 밤이 있다 증발하는 밤이 있다 사라지는 밤이 있다 사람이 가고 지상의 꽃들은 컹컹 짖고, 눈이 동그란 새들은 다시 오래도록 깜깜해지는 밤,

엉기고 헝클어지며 떠가는 밤이 있다
　　　　　　　　　　　　　—「돛대도 아니 달고」 전문

　이 시의 시간적 배경은 아무래도 맘이 달뜨고 숨결이 가빠 오는 봄밤이라야 어울리겠다. 환한 달빛과 그늘이 서로 섞이면서 온갖 종류의 밤들로 소요(騷擾)하다. 안아달라고 "두 팔을 활짝 펴고 짓쳐 달려드는 밤"이 있고, 이해를 거부하는 "말들이 귓속으로 팔뚝을 쑤욱 찔러 넣는 밤"이 있고, "오줌을 지리는 밤", "줄줄 새는 밤", "끓어 넘치는 밤", "증발하는 밤", "사라지는 밤", 그리고 마침내 "깜깜해지는 밤"에 이르기까지 무수하게 밤은 분화된다.

　우리는가 그냥 '밤'이라고 부르는 그 '밤'은 절대 하나일 수 없다. 저마다 다른 밤을 맞고 겪고 보내기 때문이다. 돛대도 아니 달고 삿대도 없이 밤하늘을 흘러가는 달처럼, 어둠은 아무런 이름표도 보여주지 않고 지나가겠지만, 그 어둠 속에는 저마다의 어둠이 저마다의 밤을 채우고 있을 터. 달리 말하자면, '랑그'로서의 밤이 자기동일성으로 표정 없이 흘러간다면 '빠롤'로서의 밤은 자기동일성을 거부하며 저마다의 표정으로 변화무쌍하게 흘러가는 것이다.

　평시조가 랑그의 밤을 그리기에 적합하다면 사설시조는 빠롤의 밤을 그리기에 적합하다. 저마다의 밤에 수식어를 붙여

주며 의미를 부여하지만 이 의미들을 모아서 무의미로 흘러가게 하는 것이 바로 리듬이다. 리듬은 힘이 세다. 어지간히 무거운 의미도 리듬에 실리면 가볍게 흘러간다. 시인은 봄밤의 현란함 속에서 엿본 무수한 밤의 결을 사설시조에 실어서 유장하게 풀어낸다. 이게 바로 "사설시조의 갱신의 현재화(顯在化)"의 한 사례가 아니겠는가.

3.

김수환의 시는 아프다. 아픔은 대체로 사람에 대한 '연민'에서 온다. 연민은 어둡고 외로운 '뒤쪽'이나 등[背] 쪽으로부터 온다. 그러므로 김수환 시의 아픔은 뒤쪽이나 등을 향한 그의 시선에서 비롯된 것이다.

> 못 이기는 척 슬쩍 등을 내주는 것은
> 등으로 누군가를 안고 싶은 사람은
> 빈 벌판,
> 배경도 없이
> 혼자였던 사람이다
>
> 부끄러운 가슴 대신 등을 내주는 것은
> 한 번쯤 눈 질끈 감고 뛰어내리고픈 사람은

이만큼,

이만큼이면

내려놔도 되는 사람이다

이제 더 재보지 않고 뒤를 준다는 것은

차마 견디지 못하고 항복하는 사람은

등의 말,

읽어줄 이가

그리운 사람이다

―「뒤를 준다는 것」 전문

  인용 시에 따르면 "못 이기는 척 슬쩍 등을 내주는 것은" 그 사람도 "등으로 누군가를 안고 싶은 사람"이라는 뜻이고, 그동안 그가 "빈 벌판,/배경도 없이/혼자였던 사람"이라는 뜻이다. 빈 벌판을 혼자 헤매던 사람에게 내미는 널찍한 악수일 테다. 그리고 "가슴 대신 등을 내주는 것은" 그 사람이 "눈 질끈 감고 뛰어내"려 죽고 싶을 만큼 힘든 사람이라는 뜻이고, "이만큼이면/내려놔도" 된다고 그냥 살아도 좋다고 토닥여주는 것이다. 그래서 이것저것 "재보지 않고 뒤를 준다는 것은" 그 사람이 "차마 견디지 못하고 항복하는 사람"이어서 "등의 말,/읽어줄 이가/그리운 사람"이기 때문이라는 것이다.

  결국 뒤를 허락한다는 것은 사람에 대한 관심과 연민에서 비롯된 지극한 탐구와 이해의 결과이다. 엄마가 어부바할 때처럼 슬쩍 등을 내주는 것만큼 이 세상에서 넉넉하고 따뜻하고 아름다운 행위가 또 있겠는가. 가슴으로 안는 행위가 사랑과 포용이라면 등으로 업어주는 행위는 '나에게 모든 걸 맡기고 기대어도 좋다'는 무한한 위로이고 신뢰이다.

이 시를 형식적인 측면에서 살펴보면 '~것은/~사람은/사람이다'의 구조여서 얼핏 보기엔 비문처럼 보여 문장이 어색하게 느껴질 수도 있지만, 행위(~것)가 행위를 하는 사람에게 종속되지 않고 '행위'가 곧 '그 사람'이라는 시인의 인식에서 비롯된 문장 형식이라고 이해하는 게 바람직할 것이다. 이 어긋난 문장 탓에 독특한 '식감'을 느낄 수 있어서 매력적이다.

아무튼 우리 몸의 오지인 뒤나 등을 통해 시인은 외로움과 소외라는 현대인의 피할 수 없는 '그늘'에 주목하고 있다. 물론 이때 뒤나 등은 물리적인 방향만 의미하지는 않는다. 저녁이나 밤이라는 시간의 등, 노후라는 생애의 등, 그리움이라는 정서의 등으로 변주되면서 확산되는 점도 눈여겨볼 지점이다. 다음 시는 그가 바라보는 뒤쪽이 얼마나 다양한지 잘 보여주는 절창이다.

> 내가 열지 않으면 내내 닫힌 방들처럼
>
> 아무도 여닫지 않는 녹슨 손잡이처럼
>
> 자신도 가구가 돼가는 저 늙은 여자처럼

인적이 끊긴 골목 가로등의 불빛처럼

어쩌지 못해 한 곳만 응시하는 마음처럼

등 뒤에 보이지 않는 시선처럼 그 공허처럼

악수하고 돌아서는 손에 남는 외로움처럼

사람도 사람에게 한때라는 생각처럼

나 역시 그럴 수밖에 없었다는 확인처럼

—「공터가 많아서」 전문

  닫혀 있는 방들도, 녹슨 손잡이도, 늙은 여자도 다 뒤쪽이다. 인적이 끊긴 골목과 가로등도, 어쩌지 못하는 마음도, 심지어 악수하고 돌아설 때 손에 남는 외로움조차도 뒤쪽이다. 그리하여 "사람도 사람에게 한때"라는 체념이나 "나 역시 그럴 수밖에 없었다"는 확인조차도 다 욕망의 뒤쪽이라는 깨달음에 이른다. 이 시는 면벽한 수행자의 뒷모습처럼 고요하고 단단하다.

4.

  이번 시집에서 가장 아픈 뒤쪽은 아마도 시인의 아버지일 것이다. 한때는 가장 든든한 배후였을 아버지가 치매를 앓으면서 처절한 뒤쪽의 모습을 보이기 때문이다.

>목욕탕, 플라스틱 팔걸이의자 앞에
>팔순 아비 몸을 씻는 육순 아들 분주하다
>앙상한 생의 저녁에 멈칫대는 저 손길
>
>황소바람 숭숭 뚫는 해지고 닳은 남루
>굽은 기둥 서까래들, 힘 부치는 오두막
>까무룩 잠기는 어둠 몇 겹이나 깊어졌나
>
>뉘신지 참 고맙소만, 고물거리는 검은 입
>아닙니다, 아녜요 잠기고 마는 아버지
>이 빈집, 불 다 꺼져도 제게는 꽃대궐입니다
>
>―「빈집」 전문

 아들은 팔순의 아버지를 "목욕탕, 플라스틱 팔걸이의자"에 앉혀서 씻겨드리고 있다. "앙상한 생의 저녁"을 맞아 요긴한 동작들이 노구를 떠나버린 아버지는 자신을 씻기는 아들 앞에서 민망함으로 멈칫댄다. 시인은 "황소바람 숭숭 뚫는 해지고 닳은 남루" 같고, "굽은 기둥 서까래들, 힘 부치는 오두막" 같은 아버지에게서 "까무룩 잠기는" 몇 겹의 어둠을 만난다.

 자식도 알아보지 못하는 아버지는 "고물거리는 검은 입"

으로 "뉘신지 참 고맙소만" 하고 감사를 표한다. 억장이 무너지는 자식은 "아닙니다, 아녜요" 목소리가 그예 잠기고 만다. "불 다 꺼"진 "빈집" 같은 아버지이지만 그래도 이승에 계셔서 "제게는 꽃대궐"이라고 시인은 울먹였으리라.

> 월요일이 나에게 누구냐고 묻는다
>
> 수요일이 나를 모른다고 말한다 당신은 없고 금요일이 나더러 뭐하는 사람이냐고 한다 화요일, 목요일, 토요일 모두가 내게는 일요일이라고 말한다 당신은 없고
>
> 자꾸들 그리 말하니 그런 것 같기도 하다
> ―「당신은 없고」 전문

일상에 매여 사는 시인은 매일 갈 수가 없어서 월요일, 수요일, 금요일에만 아버지를 찾았나 보다. 월요일에는 누구냐고 묻고, 수요일에도 모른다고 하고, 금요일에는 뭐하는 사람이냐고 묻는다. 알아보지는 못하지만 자식이 찾지 않는 화요일, 목요일, 토요일이 아버지에게는 죄다 일요일, 텅 빈 공일(호日)이었을 것이다. 그 앙상한 '꽃대궐'마저 작년에 세상을 뜨셨으니 "당신이 없"는 시인의 뒤쪽은 얼마나 캄캄하겠는가.

다시 처음으로 돌아가자. 김수환의 시를 떠받치고 있는 것은 그리움과 아픔이다. 그는 그리워서 아프고, 아파서 그립다. 그립고 아픈 것들은 한결같이 등을 보이며 돌아서 있거나 "하루가 이미 결판이 난"(「가린다는 것」) 저물녘의 모습을 하고 있다. 화장기 지운 세상의 맨얼굴은 거기에 있다고, 그것들이야말로 세상의 속살이라고, 그래서 그것들을 불러 모아 인사를 건네고 말을 나누고 그들의 말을 받아쓴 것들이 바로 이 시집이다.

이 시집의 시들은 대상을 정면으로 마주하는 부담이 없어서 편안하고, 가까운 이야기를 멀게 하는 탓에 아득하다. 이를테면 그는 그립다는 말조차도 대놓고 하지 못하는 숙맥이라서 "못 잊었다"는 말을 "던져 놓으면 싹이 나고/잎이 나고 열매 맺는다"(「먹다 만 토마토」)고 말하는 식이다. 이런 오랜 형식의 화법이야말로 그리움을 말하는 가장 강력한 방식이기도 해서 높은 전압이 발생한다. 하지만 이때의 전압은 쩌릿한 전율로 독자를 긴장시키는 게 아니라, 구들이 두꺼운 아랫목처럼 은근해서 독자의 마음을 내려놓게 만든다.

시조에 대한 세간의 오해와 편견에 대해 가장 오랜 방식으로 가장 첨예하게 맞서는 시인의 뚝심은 믿음직스럽다. 물론 첫 시집이니만큼 일말의 우려가 없을 수는 없다. 하지만 시인의 '사람'에 대한 연민과 '시조'에 대한 애정은 우려를 기우로 바꾸어 놓기에 충분하다.

시인동네 시인선 228

사람이 간다

ⓒ 김수환

초판 1쇄 인쇄	2024년 3월 22일
초판 1쇄 발행	2024년 3월 29일
지은이	김수환
펴낸이	김석봉
디자인	헤이존
펴낸곳	문학의전당
출판등록	제448-251002012000043호
주소	충북 단양군 적성면 도곡파랑로 178
전화	043-421-1977
전자우편	sbpoem@naver.com

ISBN 979-11-5896-640-9 03810

*이 책의 판권은 지은이와 문학의전당에 있습니다.
*양측의 서면 동의 없는 무단 전재 및 복제를 금합니다.
*잘못 만들어진 책은 바꿔드립니다.
*이 시집은 2024년 경남문화예술진흥원의 문화예술지원을 보조 받아 발간되었습니다.